DE LA CONFORMITÉ À LA VOLONTÉ DE DIEU

SAINT ALPHONSE-MARIE DE LIGUORI

TRADUIT DE L'ITALIEN

Par l'abbé J. M. S. S. T.

TABLE DES MATIÈRES

Préface du traducteur   v

De la conformité à la volonté de Dieu   1

Sentiments de conformité à la volonté de Dieu   52

Prière pour la conformité à la volonté de Dieu   55

PRÉFACE DU TRADUCTEUR

Quoique Dieu n'eût besoin de rien, il voulut toutefois, dans sa sagesse et sa bonté, créer des êtres raisonnables qu'il associa à sa gloire et à son bonheur. Dès lors, comme les intérêts étaient les mêmes, il dut y avoir même vue, même intention, en un mot, même volonté : s'écarter de cette règle, c'était renoncer à ses glorieuses prétentions, c'était se précipiter de gaieté de cœur dans l'abîme de toutes les misères.

Se serait-on jamais imaginé que l'homme, qui se sent tant d'attrait pour le bonheur, et qui s'y porte avec une ardeur si vive, eût pu oublier un instant ses intérêts les plus chers ! N'y avait-il pas tout lieu de croire, au contraire, que ses vues, ses travaux, ses sollicitudes seraient continuellement dirigés vers une fin si heureuse ? Quel autre intérêt en effet eût été capable de balancer un instant des avantages si nobles et si précieux, qu'il partageait avec Dieu même ?

L'homme néanmoins, par un aveuglement inconcevable que l'on prendrait pour une fatalité, s'il n'était de foi qu'il fut toujours libre, renonce à l'alliance de Dieu, s'érige lui-même en divinité, élève autel contre autel, volonté contre volonté. Est-il folie comparable à celle-là !..... Pour de vains honneurs, pour une vile satisfaction d'un moment, perdre sa qualité d'enfant de Dieu, ses droits au royaume céleste, sa glorieuse immortalité, son bonheur, la paix, l'inestimable avantage d'être dans l'amitié de son Dieu ! Pour le plaisir insensé d'affecter une sotte indépendance, braver des supplices inouïs et sans fin ! Tomber sous la tyrannie et la cruelle servitude du démon !

De gré au de force il faut que nous dépendions de Dieu ; si par impossible nous cessions d'en dépendre, nous tomberions aussitôt dans le néant, puisque la vie, l'être, ses propriétés, tout en un mot dérive nécessairement de la Divinité comme de son principe. Si nous refusons de dépendre de Dieu quant aux biens qu'il nous offre, il faudra que nous buvions jusqu'à la lie le calice amer de son indignation. Insensés que nous sommes, nous secouons avec orgueil le joug si doux que sa bonté nous impose, et qui ferait notre joie et notre bonheur ; et nous tombons sous le poids accablant de sa justice, qui fera notre désespoir dans toute l'éternité !

C'est donc un devoir pour toute créature libre et raisonnable, de s'anéantir devant son auteur et de se soumettre à ses lois ; mais pour un chrétien, qui participe à la nature divine, et qui porte le titre auguste d'enfant de Dieu, ce n'est plus seulement un devoir, c'est en quelque sorte une nécessité, qui fait un monstre de celui qui s'en écarte.

N'ayons donc en vue que le bon plaisir de notre Dieu, dans toutes nos démarches, dans toutes nos actions. Soumettons-nous humblement à toutes les épreuves qu'il nous enverra, car la tentation fait germer l'espérance, et l'espérance ne confond point. Est-ce acheter trop cher l'avantage si doux, de ne plus envisager les maux de cette vie comme un gain inappréciable, et la mort qui fait le désespoir des mondains, que comme notre bienheureuse réunion avec Jésus-Christ ?

DE LA CONFORMITÉ À LA VOLONTÉ DE DIEU

Toute notre perfection consiste à aimer Dieu, dont les amabilités sont infinies : « La charité, dit l'Apôtre, est le lien de la perfection.* » Mais aussi, toute la perfection de cet amour de Dieu, consiste à unir notre volonté à sa très-sainte volonté. « Le principal effet de l'amour, dit saint Denys l'aréopagite, est d'unir tellement les volontés des amants, qu'elles n'en fassent plus qu'une. » C'est pourquoi, plus notre union à la divine volonté sera parfaite, plus notre amour le sera aussi. Les mortifications, les oraisons, les communions, les œuvres de miséricorde sont très agréables à Dieu, toutes les

---

* Charitatem habete, quod est vinculum perfectionis. (Coloss. 3, 14.)

fois qu'elles entrent dans l'ordre de sa providence : mais si elles s'en écartent, loin de les agréer il les punit, il les a en abomination. Si, de deux serviteurs, l'un travaille sans relâche, mais fait tout à sa guise ; l'autre, au contraire, fatigue moins, mais se montre docile en tout ; n'est-il pas clair que ce dernier gagnera l'amitié de son maître, tandis que le serviteur volontaire et indocile s'attirera son indignation ? Quelle gloire peut-il revenir à Dieu de toutes nos bonnes œuvres, si elles ne sont point conformes à son bon plaisir ? « Le Seigneur ne demande point des holocaustes et des victimes ; il veut qu'on obéisse à sa voix.[*]

» L'homme qui prend sa volonté pour guide, sans tenir compte de celle de Dieu, se rend coupable d'une espèce d'idolâtrie[†] ; puisque, au lieu d'adorer la volonté divine, il fait en quelque sorte une idole de la sienne.

Ainsi, voulons-nous procurer la plus grande gloire de Dieu, accomplissons en tout sa très-sainte volonté. C'est ce que notre divin Rédempteur, qui est venu sur la terre pour remettre Dieu en possession de sa gloire, s'est surtout proposé de nous enseigner par son

---

[*] Numquid vult Dominus holocausta et victimas, et non potiùs ut obediatur voci Domini ? (1. Reg. 15, 22.)
[†] Quasi scelus idololatriæ, nolle acquiescere. (Ibid. v. 23.)

exemple. « Vous n'avez point agréé, dit-il à son Père dès son entrée dans le monde, les victimes qui s'offrent selon la loi ; vous voulez que j'immole à votre justice le corps que vous m'avez donné : me voici, je viens pour faire votre volonté.* » Il proteste en plusieurs circonstances, qu'il est descendu du Ciel non pour faire sa volonté, mais uniquement la volonté de son Père †. Il veut que le monde connaisse l'étendue de l'amour qu'il porte à son Père, par sa promptitude à exécuter ses ordres, en s'immolant sur une croix pour le salut des hommes : c'est ce qu'il déclare expressément dans le jardin des Oliviers, lorsqu'il marche à la rencontre de ses cruels ennemis, qui venaient pour le prendre et le conduire à la mort : « Afin, dit-il, que le monde connaisse que j'aime mon Père, et que je fais ce que mon Père m'a ordonné, levez-vous, sortons d'ici.‡ » Enfin il assure qu'il re-

---

* Hostiam, et oblationem noluisti : corpus autem aptasti mihi : .... Tunc dixi : Ecce venio, ut faciam, Deus, voluntatem tuam. (Hebr. 10, 5 et 9.)
† Descendi de cœlo, non ut faciam voluntatem meam, sed voluntatem ejus qui misit me. (Joan. 6, 38.)
‡ Ut cognoscat mundus quia diligo Patrem, et sicut mandatum dedit mihi Pater, sic facio. Surgite, eamus hinc. (Joan. 14, 31.)

connaît pour son frère, quiconque remplit la volonté divine*.

Tous les saints se sont constamment appliqués à faire la volonté de Dieu, persuadés que c'est en cela que consiste toute la perfection. « Dieu, disait le bienheureux Henri Suson, ne demande pas de nous que nous ayons de grandes lumières, mais que nous nous soumettions en tout à sa volonté. » Et Ste. Thérèse : « Celui qui pratique le saint exercice de l'oraison, doit mettre tous ses soins à conformer sa volonté à la volonté divine : et qu'on ne s'y trompe pas, c'est en cela que consiste la plus haute perfection. Plus on s'y montrera fidèle, plus on recevra de Dieu des faveurs signalées, et on avancera dans la vie intérieure. » La bienheureuse Stéphanie de Soncino, de l'ordre de Saint-Dominique, étant ravie en extase, vit des personnes qu'elle avait connues, placées au rang des Séraphins ; et il lui fut dit que l'élévation de ces âmes à une si grande gloire, était la récompense de leur parfaite conformité à la volonté de Dieu. Et le bienheureux Suson, dont nous avons déjà parlé, avait coutume de dire : « J'aimerais

---

* Quicumque enim fecerit voluntatem Patris mei, qui in cœlis est : ipse meus frater, et soror, et mater est. (Matth. 12, 50.)

mieux être par la volonté de Dieu le plus vil de tous les insectes, qu'un Séraphin par la mienne. »

C'est des bienheureux habitants du séjour céleste, que nous devons apprendre comment il faut aimer Dieu. Or, l'amour qu'ils ont pour Dieu, n'est si pur et si parfait, que parce qu'ils sont parfaitement unis à sa volonté. Si les Séraphins croyaient que la volonté de Dieu fût qu'ils s'occupassent, pendant toute l'éternité, à ramasser les sables de la mer pour en faire des monceaux, on verrait ces esprits immortels s'y porter avec toute la joie et tout le plaisir dont ils sont capables. Je dis plus : si Dieu leur ordonnait d'aller brûler dans les flammes de l'enfer, à l'instant ils s'y plongeraient, pour faire sa divine volonté. Et voilà pourquoi notre Seigneur Jésus-Christ nous apprend à demander à Dieu que nous fassions sur la terre sa sainte volonté, comme les saints la font dans le ciel*.

Le Seigneur appelle David un homme selon son cœur, parce qu'il exécutait ponctuellement ses ordres†. Ce saint roi avait toujours

---

* Fiat voluntas tua, sicut in cœlo, et in terra. (Matth. 6, 10.)
† Inveni David filium Jesse, virum secundum cor meum, qui faciet omnes voluntates meas. (Act. 13, 22.)

le cœur disposé, comme il ne cesse de le déclarer en cent endroits, à recevoir également toutes sortes d'impressions de la main de Dieu* : s'il demandait une grâce au Seigneur, c'était qu'il lui apprît à faire sa volonté †. Un seul acte de conformité et d'union parfaite à la volonté de Dieu, suffit pour faire un saint. Paul persécutait l'Église : Jésus-Christ l'éclaire et le convertit. Que fait Paul ? rien autre chose que de s'offrir à faire sa volonté : « Seigneur, que voulez-vous que je fasse ? ‡ » Et le Seigneur le proclame un vase d'élection, et l'apôtre des gentils§. C'est qu'en donnant sa propre volonté on donne tout. Celui qui donne à Dieu ses richesses, par d'abondantes aumônes versées dans le sein des malheureux ; son sang et sa propre subsistance, par les jeûnes et les austérités corporelles, lui donne, il est vrai, une partie de ce qu'il possède ; mais s'il lui donne sa volonté, il lui donne tout : alors il peut lui dire : Seigneur, je suis pauvre, mais au moins je vous offre tout ce qu'il est en mon pouvoir de vous donner ;

---

* Paratum cor meum, Deus, paratum cor meum. (Ps. 107, 1.)
† Doce me facere voluntatem tuam. (Ps. 142, 9)
‡ Domine, quid me vis facere ? (Act. 9, 6.)
§ Vas electionis est mihi iste, ut portet nomen meum coram gentibus. (Act. 9, 15.)

en vous donnant ma volonté, il ne me reste plus rien à vous donner. C'est pourtant tout ce que notre Dieu attend de nous : Mon fils, dit le Seigneur à chacun de nous, donne-moi ton cœur*, c'est-à-dire, ta volonté. Nous ne pouvons rien faire, dit saint Augustin, qui soit plus agréable à Dieu, que de lui dire : Seigneur, possédez-nous † ; nous vous faisons l'abandon de toute notre volonté : ordonnez tout ce qu'il vous plaira, nous sommes prêts à obéir.

Si donc nous désirons être parfaitement agréables à Dieu, efforçons-nous de nous conformer en tout à sa divine volonté ; je dis plus, unissons notre volonté à la sienne : c'est-à-dire, ne nous contentons pas d'acquiescer à la volonté de Dieu ; tâchons encore que la volonté divine et la nôtre n'en fassent plus qu'une ; en sorte que nous ne voulions que ce que Dieu veut, et que la volonté de Dieu soit aussi la nôtre. C'est là le comble de la perfection, auquel nous devons aspirer constamment : ce doit être le but de toutes nos œuvres, de tous nos désirs, de toutes nos méditations et nos prières. Implorons pour cela le secours

---

* Præbe, fili mi, cor tuum mihi. (Prov. 23, 26.)
† Nihil gratius Deo possumus ei offerre, quam ut dicamus ei : Posside nos.

de nos saints protecteurs et de nos saints anges gardiens ; recourons surtout à la divine Marie, qui fut la plus parfaite de toutes les créatures, parce qu'elle en fut la plus soumise.

Mais l'héroïsme de cette vertu consiste à s'accommoder à la volonté de Dieu dans les souffrances et les contradictions, comme dans la prospérité. Les pécheurs savent encore unir leur volonté à celle de Dieu dans les choses qui leur plaisent ; mais il n'appartient qu'aux justes et aux saints, de vouloir avec Dieu, même ce qui contrarie les appétits naturels. C'est en cela qu'on reconnaît la perfection de notre amour envers Dieu. Le vénérable Père Jean d'Avila avait coutume de dire qu'un Dieu soit béni, dans l'adversité, valait mieux que mille remerciements dans la prospérité.

De plus, il faut étendre la pratique de cette vertu, non-seulement aux afflictions et aux misères qui nous viennent directement de Dieu, comme sont les infirmités, la pauvreté, les désolations intérieures, la mort d'un parent, et autres semblables ; mais encore à celles qui nous arrivent par le moyen des hommes, comme sont les mépris, les calomnies, les injustices, les persécutions de tout genre. Car, bien que le Seigneur condamne et désapprouve le péché de celui qui nous outrage, soit dans notre fortune, soit dans notre honneur, toutefois il veut notre humiliation, notre dénuement, notre affliction. Il est certain, il est même de foi que tout ce qui arrive dans le monde procède de la volonté divine. « C'est moi qui forme la lumière et qui crée les ténèbres, qui fais la paix et qui crée les maux : je suis le Seigneur ; moi seul ai tout fait.* » C'est de Dieu que viennent tous les biens et les maux, c'est-à-dire, toutes ces contrariétés passagères à qui nous donnons faussement le nom de maux ; car ce sont réellement des biens, si nous savons les prendre comme venant de la main de Dieu : « Un mal sera-t-il dans la ville, dit le prophète Amos, que le Seigneur ne l'ait fait ?† Les biens et les maux, la vie et la mort, la pauvreté et l'opulence, viennent de Dieu‡. Il est vrai, comme je l'ai dit plus haut, que Dieu ne veut point le péché de celui qui vous offense, et qu'il ne concoure en aucune sorte au dérèglement de sa volonté ; mais il concourt véritablement, d'une manière

---

* Formans lucem et creans tenebras, faciens pacem et creans malum : Ego Dominus faciens omnia hæc. (Is. 45, 7.)
† Si erit malum in civitate, quod Dominus non fecerit ? (Amos 3, 6.)
‡ Bona et mala, vita et mors, paupertas et honestas a Deo sunt. (Eccli. 11, 14.)

générale, à l'acte extérieur qui vous afflige : cet affront que vous essuyez vous est donc envoyé de la main de Dieu, qui bien certainement le veut ainsi. C'est pourquoi le Seigneur, parlant des châtiments dont il avait résolu de punir les crimes de David, se fait lui-même l'auteur de tous les maux qui lui devaient arriver par le moyen d'Absalon : « Je vais, dit-il, vous susciter des maux qui viendront de votre propre maison. Je prendrai vos femmes à vos yeux, et je les donnerai à un autre.* » C'est encore par cette même raison, et sur ce même fondement, que les rois impies qui exécutaient des cruautés atroces sur le peuple de Dieu, sont appelés, dans l'Écriture sainte, les instruments de la justice divine : « Assur, dit le Seigneur dans Isaïe, est la verge de ma fureur ; ma vengeance est entre ses mains. Je l'envoie contre une nation perfide ; je lui ai donné mes ordres contre le peuple de ma colère : qu'il enlève leurs dépouilles, qu'il foule aux pieds ce peuple comme la boue.† » Saint Augustin traitant cette matière : L'impiété des Assyriens, dit-il, est devenue comme une hache dans la

---

* Ecce, ego suscitabo super te malum de domo tua, et tollam uxores tuas in oculis tuis, et dabo proximo tuo. (2. Reg. 12, 11.)
† Væ Assur ! virga furoris mei... mandabo illi ut auferat spolia et diripiat prædam. (Is. 10, 5 et 6.)

main de Dieu*, dont il se sert pour châtier les Juifs. Jésus-Christ lui-même déclare à l'apôtre S. Pierre, que sa passion et sa mort procédaient moins de la malice des hommes, que de la volonté de son Père : « Ne faut-il pas, dit-il, que je boive le calice que mon Père m'a donné ?† »

Un homme, ou plutôt le démon, vient annoncer à Job que les Sabéens ont enlevé ses richesses et massacré ses serviteurs ; ce modèle de patience ne dit pas : Dieu m'a donné des richesses et des serviteurs, les Sabéens me les ont enlevés ; mais il dit : Le Seigneur m'a donné, le Seigneur m'a ôté‡ ; sachant bien que ce désastre lui venait de la main de Dieu même : c'est pourquoi il ajoute aussitôt : « Ainsi il a plu au Seigneur ; que son saint nom soit béni.§ » Ne prenez donc rien comme arrivé par hasard ou par la malice des hommes ; mais tenez pour certain, qu'il n'arrive pas d'évènement qui ne procède de la vo-

---

* Impietas eorum tanquam securis Dei facta est. (In Ps. 37.)
† Calicem, quem dedit mihi Pater, non bibam illum ? (Joan. 18, 11.)
‡ Dominus dedit, Domino abstulit. (Job 1, 21.)
§ Sicut Domino placuit, ita factum est : sit nomen Domini benedictum. (Idem, ibidem.)

divine*. Les bienheureux martyrs Épictète et Hatton[†], appliqués à une cruelle torture, déchirés avec des ongles de fer et brûlés à petit feu, ne répondaient à tant de tourments que par ces paroles : Seigneur, que votre volonté s'accomplisse en nous. Arrivés au lieu du supplice, ils s'écrièrent à haute voix : Soyez éternellement béni, ô Dieu immortel, de ce que votre volonté s'est accomplie en nous.

Césaire rapporte[‡] que, dans un certain monastère, il y avait un religieux qui était parvenu à une si éminente sainteté, que les malades étaient guéris par le seul attouchement de ses habits. L'Abbé de ce monastère, ne voyant rien d'extraordinaire dans la conduite de ce religieux, le pressa un jour de lui dire ce qui pouvait lui attirer de la part de Dieu une si grande faveur. Je n'en sais rien, lui répondit-il ; car je ne fais pas plus de jeûnes, et je ne pratique pas plus de pénitences et d'austérités que les autres ; je ne donne pas plus de temps qu'eux à la méditation et à la prière. Tout ce que je puis dire de moi, c'est que Dieu

---

* Quicquid hic accidit contra voluntatem nostram, noveris non accidere nisi de voluntate Dei. (D. Aug. in ps. 148.)
† Rosweid. l. 1.
‡ Lib. 10, cap. 6.

m'a fait la grâce de n'avoir d'autre volonté que la sienne. Ni la prospérité ne m'élève, ni l'adversité ne m'abat : quoi qu'il arrive, rien ne me trouble et ne m'inquiète ; et dans tous les divers accidents de la vie, je conserve toujours une égale paix et une égale tranquillité d'âme. Mais, repartit l'Abbé, ne sentites-vous point l'autre jour quelque émotion dans votre cœur, lorsqu'on brûla notre ferme, et avec elle toutes nos provisions et nos bestiaux ? Non, mon Père, répliqua le religieux : au contraire, j'en rendis grâces à Dieu, comme j'ai coutume de le faire dans de pareilles circonstances, persuadé que Dieu fait tout, qu'il permet tout pour sa plus grande gloire et pour notre plus grand bien. L'Abbé voyant dans ce bon religieux une si grande conformité à la volonté divine, ne s'étonna plus qu'il fit des miracles.

Celui qui se comporte ainsi marche à pas de géant dans la voie de la perfection, et jouit avec cela d'une paix continuelle. On demandait un jour au grand Alphonse, roi d'Aragon*, quel était, à son avis, le plus heureux des hommes : ce prince, qui avait un grand sens, répondit que c'était celui qui mettait tout son contentement en la volonté de Dieu, et qui recevait toutes choses comme en-

---

* Panorm. in vita.

voyées de sa main. « Tout contribue au bien de ceux qui aiment Dieu :* » ils sont toujours contents, parce qu'ils ne trouvent de plaisir que dans l'accomplissement de ce que Dieu veut c'est pourquoi leurs peines se changent en satisfaction, dans la pensée que leur résignation est l'offrande la plus agréable qu'ils puissent faire au Seigneur. « Quoi qu'il arrive au juste, dit le Sage, il ne s'attristera point.† » Peut-on être mécontent, lorsque tout réussit au gré de ses désirs ; or celui qui ne veut que ce que Dieu veut, aura toujours l'accomplissement de ses désirs ; parce que la volonté de Dieu ne peut jamais manquer d'être entièrement accomplie. On lit dans la vie des Pères, qu'un certain laboureur sans se donner plus de peine que les autres, récoltait cependant une moisson et plus belle et plus abondante. Ces derniers lui demandèrent un jour d'où pouvait provenir une différence si marquée. Que cela ne vous étonne point, reprit le pieux laboureur, car le temps m'est toujours favorable, et il vient toujours au gré de mes désirs. Mais comment cela, répliquèrent les autres ?

---

* Diligentibus Deum omnia cooperantur in bonum. (Rom. 8, 28.)
† Non contristabit justum quidquid ei acciderit. (Prov. 12, 21.)

C'est, ajouta-t-il, que je ne souhaite d'autre temps que celui qu'il plaît à Dieu de m'envoyer ; et parce que je veux tout ce que Dieu veut, il m'accorde réciproquement tout ce que je puis désirer. « L'âme résignée, dit Salvien, éprouve-t-elle quelque humiliation, elle s'y soumet avec joie ; est-elle dans l'indigence, elle en fait ses délices : elle veut, en un mot, tout ce qu'il plaît à Dieu de lui envoyer. C'est pourquoi elle goûte, dès cette vie, une véritable béatitude.* » Que la saison soit douce ou rude, que l'air soit serein, ou qu'il pleuve, elle veut tout cela, parce que Dieu le veut. Si la pauvreté, les persécutions, les infirmités, la mort même viennent fondre sur elle, toujours unie à la divine volonté, elle s'écrie dans le transport d'une sainte résignation : Je veux être pauvre, infirme, persécutée, mourir même ; parce que Dieu le veut ainsi.

C'est là cette précieuse liberté dont jouissent les enfants de Dieu, et qui est préférable à toutes les grandeurs et à tous les royaumes de la terre ; c'est là cette paix profonde que goûtent les saints, et qui surpasse tout sentiment †, c'est-à-dire, tous les plaisirs

---

* Humiles sunt, hœ volunt ; pauperes sunt, paupertate delectantur ; itaque beati dicendi sunt.
† Quæ exsuperat omnem sensum. (Phil. 4,7.)

des sens, les festins, les honneurs, et toutes les autres satisfactions que peut offrir le monde. Ces choses peuvent, il est vrai, séduire le cœur pendant quelques instants d'ivresse ; mais loin de contenter l'esprit, qui est le siège où réside le vrai contentement, elles ne font que l'affliger et le tourmenter : c'est pourquoi Salomon, après avoir donné à son cœur tous les genres de voluptés, s'écrie, avec douleur, que tout n'est que vanité et affliction d'esprit*. L'insensé, dit l'Esprit-Saint, est changeant comme la lune †, qui est aujourd'hui à son croissant, et demain à son décours. Aujourd'hui transporté de joie, demain accablé de tristesse ; aujourd'hui doux comme un agneau, demain furieux comme un tigre : et pourquoi cela ? c'est qu'il a attaché son contentement aux choses du monde, qui, étant changeantes et variables, font qu'il varie comme elles, et que, selon la diversité des succès, il se laisse continuellement emporter à divers mouvements. Le juste, au contraire, demeure immuable comme le soleil ; il est toujours tranquille, toujours serein, toujours satisfait ; parce qu'il a établi toute sa satisfac-

---

* Sed et hoc vanitas et afflictio spiritus.(Eccles. 4, 16.)
† Homo sanctus in sapientia manet sicut sol : nam stultus sicut luna mutatur. (Eccles. 27, 12.)

tion en Dieu, et dans l'accomplissement de sa volonté divine : c'est pourquoi il jouit d'une paix inaltérable. Paix sur la terre aux hommes de bonne volonté*, disent les anges aux bergers. Et qui sont ces hommes de bonne volonté, sinon ceux qui sont constamment unis à la volonté divine, qui est souverainement bonne et parfaite†, puisque Dieu ne veut que le meilleur et le plus parfait.

Les saints ont trouvé, sur cette terre, un paradis anticipé dans leur entière conformité et leur union parfaite à la volonté divine. C'est en recevant toutes choses comme venant de la main de Dieu, dit saint Dorothée, que les anciens Pères se maintenaient dans une paix profonde. Il suffisait à sainte Madeleine de Pazzi, d'entendre nommer la volonté de Dieu, pour éprouver aussitôt une grande consolation, au point d'être ravie en extase. Sans doute que les pointes de l'adversité se feront sentir à l'âme ; mais elles n'en atteindront que la partie inférieure ; et parce que la volonté demeuré unie à celle de Dieu, la paix et la tranquillité continueront de régner dans l'esprit. Nul ne vous ravira votre joie, dit Jésus-

---

* Et in terra pax hominibus bonæ voluntatis. (Luc. 2, 14.)
† Voluntas Dei bona, et beneplacens, et perfecta. (Rom. 12, 2.)

Christ à ses Apôtres* ; et il ajoute : Que votre joie soit pleine et entière†.

Celui qui n'a d'autre volonté que celle de Dieu goûte une joie pleine et parfaite, parce qu'il a tout ce qu'il désire ; il goûte une joie perpétuelle, parce que nul ne peut empêcher que la volonté de Dieu ne s'accomplisse.

Taulère ‡ rapporte qu'ayant prié le Seigneur, durant plusieurs années, de lui envoyer quelqu'un qui lui enseignât la véritable perfection, il entendit un jour une voix qui lui disait : Va à telle église, et tu y trouveras l'homme que tu demandes. Il se rend donc à l'église ; il rencontre à la porte un pauvre mendiant qui n'avait point de chaussure, et qui était tout déguenillé ; il l'aborde et le salue : Bonjour, mon ami. Monsieur le docteur, je ne sache pas avoir jamais passé aucun jour de mauvais. Hé bien ! reprend Taulère, que Dieu vous accorde une vie heureuse. Mais je ne fus jamais malheureux, repartit le mendiant, et il ajouta : Écoutez, mon Père, ce n'est pas sans réflexion que je vous ai dit n'avoir jamais eu aucun jour de mauvais ; parce que,

---

* Gaudium vestrum nemo tollet a vobis. (Joan. 16, 22.)
† Gaudium vestrum sit plenum. (Joan. 16, 24.)
‡ Le Père saint Jure ; Erar. tom.3 ; le Père Nieremb., (vita div.)

si la faim me presse, ou que le froid m'incommode, j'en loue Dieu ; si quelqu'un me méprise, me rebute, ou que j'éprouve quelque autre misère, j'en rends toujours gloire à Dieu. J'ai encore dit que je ne fus jamais malheureux, et c'est la vérité, puisque je suis accoutumé à vouloir tout ce que Dieu veut, sans la moindre réserve : c'est pourquoi, quoi qu'il m'arrive d'agréable ou de fâcheux, je reçois tout de sa main avec allégresse, comme ce qui m'est le plus utile et le plus avantageux ; et par ce moyen je jouis d'une paix et d'une consolation perpétuelle. Et, répliqua le Père, si, par impossible, Dieu voulait vous damner, que feriez-vous ? Dans ce cas, j'enlacerais dans mes bras mon tendre Sauveur, avec humilité, avec amour, et je le tiendrais si fortement serré, que s'il voulait me précipiter dans l'enfer, il serait contraint de m'y accompagner ; après quoi, je m'estimerais plus heureux d'être en enfer avec lui, de posséder toutes les délices du ciel, privé de sa douce présence. Où avez-vous trouvé Dieu ? Je l'ai trouvé là où j'ai laissé les créatures. Qui êtes-vous ? Je suis roi. Et, dit le Père, où est votre royaume ? Dans mon âme, répondit le mendiant, où je veille à ce que tout soit dans l'ordre, en sorte que les passions obéissent à la raison, et la raison à Dieu. Enfin Taulère lui demanda par quelle voie il était arrivé à une si haute perfection. Par le silence, répondit le pauvre, que je garde avec les hommes, pour m'entretenir avec Dieu, et par mon union avec mon souverain Seigneur, en qui j'ai trouvé et je trouve toute ma consolation et toute ma félicité. Ce pauvre, au moyen de sa parfaite résignation à la volonté divine, était certainement plus riche dans son indigence, que tous les monarques de la terre ; et plus heureux dans ses souffrances, que tous les mondains avec leurs délices.

Oh ! combien grande est la folie de ceux qui refusent de se soumettre à la volonté divine ! ils ne peuvent se soustraire aux souffrances et à l'adversité, parce que nul ne peut empêcher l'exécution des décrets de Dieu[*] ; et cependant ils souffrent sans mérite ; et ce qui est le pire, ils aggravent leur situation présente[†], et se préparent pour l'autre vie des châtiments plus rigoureux. Que ce malheureux, aux prises avec la douleur, pousse, tant qu'il voudra, des cris de désespoir ; que cet autre, dans sa misère profonde, murmure tant qu'il voudra contre Dieu, qu'il s'impatiente, qu'il profère les blasphèmes les plus impies,

---

[*] Voluntati enim ejus quis resistit ? (Rom. 9, 19.)
[†] Quis restitit ei, et pacem habuit ? (Job. 9, 4.)

que lui en reviendra-t-il ? tout cela n'aboutira qu'à augmenter son mal. Faible mortel, s'écrie S. Augustin, que vas-tu chercher hors de Dieu ? plutôt, cherche-le, ce Dieu, en qui résident tous les biens* ; unis-toi, attache-toi à sa divine volonté, et tu seras heureux en cette vie et en l'autre.

Et, à dire vrai, Dieu veut-il autre chose que notre bien ? Où trouverons-nous quelqu'un qui nous aime plus tendrement ? « Sa volonté est, non-seulement qu'aucun ne périsse, mais que tous retournent à lui par la pénitence et deviennent des saints†. » Dieu a mis sa gloire à nous combler de ses bienfaits : Il est, dit saint Léon, pressé d'un désir immense de communiquer à l'âme, ses biens et sa félicité ; parce qu'il est de sa nature une bonté infinie‡, et que la bonté tend naturellement à se répandre. S'il nous envoie des tribulations, c'est uniquement pour notre bien§ : les châtiments mêmes, comme le dit l'Écriture, ne nous viennent point de Dieu pour notre perte, mais

---

* Quid quæris, homuncio, quærendo bona ? Quære unum bonum, in quo sunt omnia bona ?
† Nolens aliquos perire, sed omnes ad pœnitentiam reverti. (2. Petr. 3, 9.) Voluntas Dei sanctificatio vestra. (1. Thess. 4, 3.)
‡ Deus cujus natura bonitas. (S. Leo.)
§ Omnia cooperantur in bonum. (Rom. 8, 28.)

pour que nous nous corrigions* et que nous nous sauvions. Le Seigneur, pour nous garantir des supplices éternels, nous couvre de son amour comme d'un bouclier† : non-seulement il désire notre salut, il en fait l'objet de sa sollicitude‡. « Et que pourra donc nous refuser, dit l'Apôtre, ce Dieu qui nous a donné son propre Fils ?§ » C'est donc avec une confiance sans bornes que nous devons nous remettre entre les mains de sa Providence, afin qu'il dispose comme il voudra de nous et de tout ce qui nous regarde. Disons toujours dans les divers accidents de la vie : « Je m'endormirai, je reposerai dans la paix, parce que c'est vous, Seigneur, qui affermissez mon espérance#. » Déposons dans son sein toutes nos inquiétudes, parce qu'il aura certainement soin de

---

* Ad emendationem et non ad perditionem nostram evenisse credamus. (Judith, 8, 27.)
† Domine, ut scuto bonæ voluntatis tuæ coronasti nos. (Ps. 5, 15.)
‡ Dominus sollicitus est mei. (Ps. 39, 17.)
§ Qui etiam proprio Filio suo non pepercit, sed pro nobis omnibus tradidit illum : quomodo non etiam cum illo omnia nobis donavit ? (Rom. 8, 32.)
# In pace in idipsum dormiam, et requiescam ; quoniam tu, Domine, singulariter in spe constituisti me. (Ps. 4, 9 et 10.)

nous*. Après cela, portons notre pensée vers lui, et vers l'accomplissement de sa divine volonté, et il s'occupera de nous et de notre bien. « Ma fille, dit un jour le Seigneur à sainte Catherine de Sienne, pense à moi, et je ne cesserai de penser à toi. » Disons souvent avec l'Épouse sacrée : « Mon bien-aimé est à moi et moi à lui†. » L'ami de mon cœur songe à mon bien ; désormais mon unique pensée sera de lui plaire, et de me conformer en tout à ses désirs. Ne demandons pas au Seigneur, disait le saint abbé Nil, que tout réussisse à notre gré, mais plutôt que sa volonté s'accomplisse sur nous. Et quand il nous survient quelque revers, recevons tout de la main de Dieu, non-seulement avec patience et résignation, mais avec une sainte allégresse, à l'exemple des apôtres, qui s'en retournaient pleins de joie, de ce qu'ils avaient été jugés dignes de souffrir des opprobres pour le nom de Jésus‡. Et quel contentement ne doit pas éprouver une âme qui sait que le plus grand plaisir qu'il le puisse faire à Dieu, est de supporter de bon

---

* Omnem sollicitudinem vestram projicientes in cum, quoniam ipsi cura est de vobis. (1. Petr. 5, 7.)
† Dilectus meus mihi, et ego illi. (Cant. 2, 16.)
‡ Ibant gaudentes a conspectu concilii, quoniam digni habiti sunt pro nomine Jesu contumeliam pati. (Act. 5, 41.)

cœur une affliction ? S'il en faut croire les maîtres de la vie spirituelle, encore que Dieu agrée le désir qu'ont certaines âmes de souffrir pour son amour, toutefois il a pour plus agréable la sainte indifférence de celles qui ne demandent ni la joie ni les peines, mais qui, parfaitement résignées à ce qu'il veut, ne soupirent qu'après l'accomplissement de sa volonté.

Âme dévote, voulez-vous plaire à votre Dieu et goûter ici-bas la véritable béatitude, soyez en tout parfaitement unie à la volonté divine. Songez que si, durant le cours d'une vie pleine de trouble et d'amertume, vous avez eu le malheur de vous souiller de quelque crime, c'est pour avoir voulu vous soustraire aux ordres de la Providence. Désormais tenez-vous étroitement attachée au bon plaisir de Dieu ; et quoi qu'il vous arrive dites toujours : Soyez béni, Seigneur, parce qu'il vous a plu ainsi*. Lorsque vous vous sentez émue à la suite d'un évènement fâcheux, pensez qu'il vous est envoyé de Dieu ; dites aussitôt : Dieu le veut ainsi ; et tranquillisez-vous. C'est vous, Seigneur, qui avez tout fait,

---

* Ita, Pater : quoniam sic fuit placitum ante te. (Matth. 11, 26.)

je garde le silence et je me soumets*. Dans vos méditations, dans vos communions, dans vos visites au Saint-Sacrement, conjurez le Seigneur qu'il vous fasse la grâce d'accomplir en tout sa très-sainte volonté ; que ce soit là l'unique but de toutes vos pensées, de toutes vos oraisons, de tous vos efforts les plus constants. Offrez-vous sans cesse à votre Dieu, et dites-lui : Seigneur, me voici ; disposez de moi et de tout ce qui m'appartient comme il vous plaira. Tel était l'exercice continuel de sainte Thérèse ; elle en faisait tant de cas, qu'elle le répétait au moins cinquante fois le jour.

Oh ! que vous seriez heureux, mon cher lecteur, si telle était votre conduite ! vous parviendriez immanquablement à une grande sainteté ; vous mèneriez une vie toujours contente, et vous feriez une fin plus heureuse encore. Quand nous apprenons la mort de quelqu'un, nous calculons les chances de son salut sur la résignation qu'il a montrée dans ses derniers moments. Si, après vous être soumis, durant le cours de votre vie, à tout ce qu'il a plu au Seigneur de vous envoyer, vous acceptez encore avec une humble résignation

---

* Obmutui et non aperui os meum, quoniam tu fecisti. (Ps. 38, 10.)

le moment de votre mort, votre salut est assuré, et vous mourrez en saint. Abandonnons-nous donc entièrement au bon plaisir de Dieu, qui, étant la sagesse même, connait tout ce qui est le plus utile à notre salut ; et qui, nous portant un amour infini, puisqu'il n'a pas craint de donner sa vie pour nous, veut encore tout ce qui nous est le plus avantageux. Tenons pour certain, dit le grand S. Basile, que Dieu veille incomparablement plus à nos besoins, que nous ne saurions le faire ni le désirer.

Mais en quoi faut-il se conformer à la volonté de Dieu ? D'abord dans les choses naturelles, qui se passent hors de nous : comme seraient une chaleur excessive, un froid rigoureux, des pluies continuelles, la famine, la peste. Gardons-nous de ces vaines exclamations : Quelle chaleur insupportable ! Quel froid horrible ! Quelle affreuse calamité ! Quelle désolante situation ! Quel temps malheureux ! et autres semblables, qui ne font que trahir notre impatience. Prenons les choses comme elles sont, parce qu'elles nous viennent toutes de la main de Dieu. Saint François de Borgia se rendait de nuit à une maison de son ordre ; la neige tombait à gros flocons : le saint frappe à la porte à plusieurs reprises ; mais inutilement ; tous les Pères étaient profondément endormis. Le jour étant venu, les bons Pères ne pouvaient se consoler de l'avoir ainsi abandonné à toute la rigueur de la saison ; mais le saint assura qu'il avait trouvé beaucoup de consolation dans cette pensée, que c'était Dieu qui lui envoyait ces flocons de neige.

Nous devons encore nous soumettre à la volonté divine, dans la faim, dans la soif, dans la pauvreté, dans les humiliations, dans les désolations. En tout cela contentons-nous de dire : Faites, Seigneur, défaites ; l'un et l'autre me sont indifférents : je n'ai d'autre volonté que la vôtre. Si le démon, dit le Père Rodriguès, cherche à nous inquiéter, et à nous arracher un consentement criminel, en nous demandant ce que nous répondrions si on nous disait telle chose, ce que nous ferions si telle autre chose arrivait, et comment nous nous comporterions en telle et telle occasion ; à toutes ces propositions fictives et conditionnelles, répondons toujours aveuglément : Je dirai et ferai ce que Dieu veut. Par ce moyen nous échapperons au danger.

En troisième lieu, si nous avons quelque défaut naturel, une mémoire chancelante, l'esprit pesant, peu d'habileté, une infirmité quelconque, une santé faible, languissante, n'en murmurons point. Dieu était-il obligé de nous donner un esprit plus subtil, ou un corps mieux fait ? Ne pouvait-il pas nous ranger parmi les animaux privés d'intelligence ? Remercions-le donc de ce qu'il a bien voulu nous départir dans sa bonté, et contentons-nous de ce que nous sommes. Qui sait si, avec plus de talent, avec une santé plus brillante, une figure plus agréable, nous ne nous serions pas perdus pour toujours ? Combien de malheureux pour qui la science et le génie ont été funestes ; et qui n'ont pas su se défendre de la tentation si délicate, de s'enorgueillir, et de mépriser ceux que la nature sembla mettre au-dessous d'eux ? Combien que la beauté ou la force du corps précipitèrent dans un abîme de désordres ? Combien d'autres, au contraire, qui se sont sauvés, pour avoir été pauvres, infirmes ou difformes ; et qui se seraient damnés, s'ils eussent été riches, robustes, ou d'une figure aimable ? C'est pourquoi, je le répète, contentons-nous de ce que Dieu nous a donné. La beauté du corps, la santé, l'élévation du génie ne sont point choses nécessaires ; il n'y en a qu'une seule*, c'est l'affaire de notre salut.

C'est surtout dans les infirmités corporelles que doit éclater notre résignation ; il faut qu'elle s'étende à toutes les circonstances qui

---

* Porro unum est necessarium. (Luc. 10, 42.)

les accompagnent. Sans doute que nous devons employer les remèdes ordinaires, puisque Dieu le veut ainsi : mais s'ils n'opèrent point, et qu'ils ne nous apportent aucun soulagement, n'ayons plus d'autre volonté que celle de Dieu ; et la maladie nous sera plus avantageuse que la santé même. Seigneur, dirons-nous alors, je ne vous demande, je ne désire, ni ma guérison, ni la continuation de mon infirmité ; ce que je veux, c'est que votre volonté se fasse. Encore qu'il soit plus parfait de ne jamais se plaindre dans la maladie ; toutefois, si la douleur est trop violente, ce n'est point une faute de l'épancher dans le sein d'un ami, ou de prier le Seigneur qu'il nous en délivre. Je parle d'une douleur violente ; car il en est qui tombent dans l'extrême contraire, et qui, à la moindre indisposition, au plus léger mécontentement, voudraient que tout le monde accourût pour les plaindre et se lamenter autour d'eux. Jésus-Christ, il est vrai, sur le point de boire le calice de sa passion, découvre à ses disciples la tristesse de son âme*, et prie son Père d'éloigner de lui ce calice† ; mais il nous enseigne en même temps

---

* Tristis est anima mea usque ad mortem. (Matth. 26, 38.)
† Pater mi, si possibile est, trauseat a me calix iste. (Ibid. 39.)

à nous résigner aussitôt à la volonté divine, lorsqu'il ajoute : « Néanmoins qu'il soit, non comme je veux, mais comme vous voulez*. »

Quelle folie c'est de désirer sa guérison, sous le prétexte spécieux qu'on observerait plus exactement la règle, qu'on serait plus assidu aux pieds des autels, qu'on approcherait plus fréquemment de la sainte communion, qu'on pourrait servir utilement le prochain dans les sciences, dans la prédication, dans la direction des âmes ! Mais je vous le demande, mon cher lecteur, pourquoi désirez-vous faire ces choses ? pour plaire à Dieu, sans doute ? Si cela est, qu'allez-vous donc chercher, quand vous êtes certain qu'il ne lui plaît pas que vous fassiez de longues oraisons, de fréquentes communions, de grandes austérités, ou que vous vaquiez à l'étude et à la prédication ; mais que vous supportiez avec patience ces infirmités et ces douleurs qu'il vous envoie ? Unissez alors vos peines et vos souffrances à celles de Jésus-Christ. Mais ce qui m'inquiète, c'est que je suis inutile, que je suis à charge à la maison. Mais vous qui êtes si résigné à la volonté de Dieu, vous devez croire qu'ils tendent aussi bien que vous à s'y

---

* Verumtamen non sicut ego volo, sed sicut tu. (Matth. 26, 39.)

conformer parfaitement, et à prendre toutes choses comme venant de sa main ; que par conséquent, s'il veut qu'ils soient longtemps occupés à avoir soin de vous faire traiter, ils s'accommoderont à ce qu'il veut ; et que, comme vous portez avec résignation la croix qu'il vous envoie, ils porteront de même celle qui leur sera tombée en partage. Hélas ! ces désirs et ces plaintes proviennent bien moins de notre amour pour Dieu, que de l'amour-propre qui cherche des prétextes pour se soustraire à sa volonté. Voulons-nous plaire à Dieu ? qu'on n'entende s'élever de notre lit de douleur d'autres paroles que celles-ci : Seigneur, que votre volonté se fasse* ; répétons-les mille et mille fois, persuadés qu'en cela nous glorifions plus Dieu, que nous ne saurions le faire par toutes les mortifications et les dévotions possibles. Le vrai moyen de servir Dieu, c'est de se conformer gaiement à sa volonté. « Mon ami, écrivait le vénérable Jean d'Avila à un prêtre malade, ne considérez pas ce que vous feriez si vous vous portiez bien, mais songez combien vous plairez à Dieu, si vous consentez volontiers à rester malade autant de temps qu'il lui plaira. Que si vous ne cherchez purement que la volonté divine, que

---

* Fiat voluntas tua. (Matth. 6, 10.)

vous importe d'être malade ou non, puisque cette volonté, qui fait tout notre bien, s'accomplit toujours également ? » Et il avait raison, puisque ce n'est pas par nos œuvres que Dieu est glorifié, mais par notre résignation et notre entière conformité à sa volonté. Aussi le bienheureux François de Sales disait-il qu'on sert plus Dieu en souffrant qu'en travaillant.

Il arrivera souvent que nous serons destitués du secours des médecins et des remèdes, ou que le médecin ne pourra connaître notre mal ; et en cela nous devons encore nous soumettre à la divine volonté, qui le veut ainsi pour notre bien. Un homme, qui avait une dévotion particulière à saint Thomas de Cantorbéry*, étant devenu infirme, alla visiter le tombeau du Saint, pour le prier d'intercéder pour sa guérison auprès de Dieu. Il obtint ce qu'il demandait : mais étant de retour chez lui, il lui vint dans l'esprit que peut-être il avait eu tort de souhaiter de guérir, puisqu'il ne savait pas si l'infirmité qu'il avait auparavant ne lui était pas plus avantageuse pour son salut. Cette pensée eut tant de force sur lui, qu'il retourna au tombeau du saint, et le pria de lui obtenir ce qui lui était le plus avantageux pour son salut. Dieu lui renvoya sa

---

* Maurel. l. 5. c. 4. et Jac. de Voragine.

première infirmité ; et il la reçut avec une très-grande consolation, ne doutant point que ce ne fût pour son plus grand bien spirituel.

Surius rapporte rapporte un exemple presque semblable, d'un aveugle qui recouvra la vue par l'intercession de saint Wast : mais cet homme ayant ensuite prié Dieu qu'il l'en privât de nouveau, si elle ne devait pas tourner à son salut, il n'eut pas achevé son oraison, qu'il redevint aveugle comme auparavant. Ainsi, lorsque nous sommes affligés, le meilleur est de nous maintenir dans une sainte indifférence, et de nous abandonner entièrement à la divine volonté, afin qu'elle dispose de nous comme elle l'entendra. Du moins, si nous demandons la santé, que ce soit toujours avec résignation, et sous la condition qu'elle tournera à notre salut : autrement notre prière sera défectueuse, et ne sera point exaucée ; parce que le Seigneur n'exauce point ces sortes de prières, qui manquent de résignation.

Le temps de la maladie est un temps d'épreuve ; c'est alors qu'on peut juger de l'état de perfection d'une âme. Si elle ne s'abandonne point au trouble, à l'inquiétude, aux gémissements ; mais qu'elle se laisse entièrement gouverner à ses supérieurs et aux médecins, et qu'elle demeure toujours paisible et résignée à la volonté divine, c'est une preuve qu'elle possède un grand fonds de vertus. Mais que penser d'un malade qui ne cesse de se lamenter, et qui est toujours à se plaindre qu'il est mal servi, que ses peines sont insupportables, que les remèdes n'opèrent point, que le médecin est un ignorant ; qui va même jusqu'à murmurer contre Dieu, comme si sa main s'appesantissait trop sur lui ? Saint Bonaventure rapporte dans la vie de saint François*, qu'un de ses religieux le voyant tourmenté de douleurs très-vives, prit la liberté de lui dire : Mon Père, priez Dieu qu'il vous traite avec un peu moins de rigueur, car il me semble que sa main s'appesantit trop sur vous. Ce qu'entendant saint François, il ne put s'empêcher de pousser un cri et de lui dire : Écoutez, si je ne savais que c'est par simplicité que vous vous êtes permis cet imprudent discours, je vous chasserais de ma présence : malheureux, vous osez bien trouver à redire aux jugements de Dieu ! Après quoi, bien qu'il fût très faible et atténué par la douleur, il saute en bas du lit, et, le visage contre terre, il s'écrie : Seigneur, je vous rends grâces de toutes les douleurs que vous m'envoyez. Je vous en conjure, veuillez les

---

* Cap. 14.

augmenter encore, si tel est votre bon plaisir. Ma joie est que vous m'affligiez, et que vous ne m'épargniez aucunement ; parce que toute ma consolation en cette vie, repose dans l'accomplissement de votre volonté.

Quand il plait à Dieu de nous enlever une personne qui nous est de quelque utilité, soit pour le temporel, soit pour le spirituel, il faut bien aussi que nous le souffrions patiemment. Les âmes pieuses ont souvent, sur ce point, de graves manquements à se reprocher, faute de résignation. Notre sanctification vient uniquement de Dieu, et non point de nos pères spirituels. Il veut, à la vérité, que nous recourions à eux pour la direction de nos âmes, quand il nous les envoie ; mais s'il lui plaît de nous les enlever, il veut alors que nous nous y résignions, et que nous redoublions de confiance en sa divine bonté : Seigneur, dirons-nous, vous me l'aviez donné, ce guide fidèle ; maintenant vous me l'ôtez, que votre volonté soit faite : il ne me reste qu'à vous supplier instamment de vouloir bien m'apprendre ce que je dois faire pour votre service. C'est encore avec la même indifférence que nous devons accepter de la main de Dieu toutes les autres croix qu'il lui plaît de nous envoyer. Mais, allez-vous dire, peut-être sont-ce là des châtiments de Dieu ? J'en conviens ; mais les châtiments que Dieu exerce ici-bas ne sont-ils pas des grâces et des faveurs ? Si nous avons péché, il est indispensable que nous satisfassions à la justice divine, ou dans cette vie ou dans l'autre. Écrions-nous donc avec saint Augustin : « Brûlez, coupez, ne m'épargnez pas dans le temps, pourvu que vous m'épargniez dans l'éternité.* » Ou bien avec le saint homme Job : « Dans la douleur qui m'accable, que ma consolation soit qu'il ne m'épargne pas. † » Ce doit être une grande consolation pour celui qui a mérité l'enfer, de voir que Dieu le châtie en ce monde ; puisqu'il a tout lieu d'espérer qu'il le garantira des supplices éternels. Lorsque Dieu nous afflige, disons comme le grand-prêtre Héli : « Il est le Seigneur ; qu'il fasse ce qui est agréable à ses yeux.‡ »

Nous devons encore être résignés, dans les sécheresses et les désolations intérieures. Dieu favorise ordinairement de grandes consolations, l'âme qui commence à embrasser la vertu, pour la sevrer du monde, et la dégoûter

---

* Hic ure, hic seca, hic non parcas, modo in æternum parcas.
† Et hæc mihi sit consolatio, ut affligens me dolore, non parcat. (Job. 6, 10.)
‡ Dominus est ; quod bonum est in oculis suis faciat. (Lib. 1. Reg. 3, 18.)

des plaisirs et des vanités du siècle ; mais quand elle est plus affermie dans le bien, il retire ses consolations, afin d'éprouver son amour, et de s'assurer qu'elle l'aime et le sert indépendamment de toute consolation sensible. « Pendant que nous habitons cette demeure passagère, dit sainte Thérèse, notre condition ne consiste point à jouir de Dieu, mais à faire sa volonté. » Elle dit dans un autre endroit : « L'amour de Dieu ne consiste pas à éprouver de la tendresse pour lui, mais à le servir avec courage et humilité. » Et ailleurs : « C'est dans les tentations et les aridités que notre Seigneur connaît ses véritables amants. » Que l'âme s'épanche en humbles actions de grâces, lorsque le Seigneur lui prodigue ses caresses et ses douceurs ; mais aussi qu'elle ne s'attriste point jusqu'à l'impatience, au jour du délaissement et de la désolation. C'est un avertissement qu'on ne saurait trop répéter ; car il est des âmes qui, dans ces occasions, s'imaginant être abandonnées de Dieu, ou n'être point propres à la vie spirituelle, laissent de côté leurs oraisons et perdent tout le fruit de leurs travaux. Il n'y a pas de temps plus favorable pour s'exercer à la pratique de la sainte résignation. Je ne prétends point dire qu'il ne faille pas nous affliger quand Dieu se retire de nous ; car il est impossible que l'âme n'en supporte l'absence avec douleur et qu'elle n'en soit sensiblement touchée, quand notre divin Rédempteur s'en plaignit lui-même sur la croix, lorsqu'il s'écria : « Mon Dieu, mon Dieu, pourquoi m'avez-vous abandonné ?* » Mais dans son affliction, l'âme doit être entièrement résignée à la volonté du Seigneur. Ces sortes de désolations et d'abandons d'esprit, ont été le partage de tous les saints. Vous vous plaignez, disait St. Bernard, d'une dureté de cœur effrayante ; la lecture n'a plus pour vous d'attrait ; la méditation, l'oraison vous paraissent insupportables : mais les saints n'ont-ils pas été pour l'ordinaire privés des consolations sensibles ? Le Seigneur ne les accorde que rarement, et encore est-ce aux âmes faibles et peu avancées, qui ont besoin de ce secours pour ne point se décourager dans la voie de la perfection : il réserve, à titre de récompense, les douceurs et les délices pour la vie éternelle. Cette terre est le lieu du mérite, il s'acquiert par les souffrances ; le Ciel est celui de la récompense et de la félicité. C'est pourquoi les saints n'ont pas désiré, ils n'ont pas cherché cette ferveur toute sensible qui repose sur les consolations,

---

* Deus meus, Deus meus, ut quid deraliquisti me ? (Matth. 27, 46.)

mais celle qu'accompagnent les tribulations. Le vénérable Jean d'Avila disait : « Oh ! qu'il vaut bien mieux être dans les tentations et les sécheresses lorsque le Seigneur nous y veut, que dans la plus sublime contemplation où il ne nous veut pas !* »

Si je savais, dites-vous, que cette désolation vint de Dieu, je serais content ; mais ce qui m'afflige, ce qui m'inquiète, c'est que je crains qu'elle ne soit le juste châtiment de mes péchés et de ma tiédeur. Si cela est, ôtez donc cette tiédeur, et veillez davantage sur vous-même. Parce que vous êtes dans l'aridité, faut-il pour cela vous tourmenter, quitter le saint exercice de l'oraison, et aggraver doublement votre mal ? Vous dites que c'est un châtiment ; mais n'est-ce pas Dieu qui vous l'envoie ? Recevez-le donc en esprit de pénitence, et soumettez-vous à la volonté divine. Si vous méritez l'enfer pourquoi vous plaindre et vous lamenter ? Mais vous avez besoin de consolation. Hélas ! contentez-vous donc de la manière dont Dieu vous traite ; reprenez vos oraisons, poursuivez la voie que vous avez entreprise, et craignez désormais que vos plaintes ne viennent de votre peu d'humilité, et de votre peu de résignation à la volonté de

---

* Audi, filia, c. 26.

Dieu. Le plus grand profit qu'une âme puisse retirer du saint exercice de l'oraison, c'est d'en sortir toujours plus résignée ; abandonnez-vous donc entièrement à Dieu, et dites-lui : J'accepte, Seigneur, cette affliction que vous m'envoyez, je m'y soumets pour tout le temps qu'il vous plaira ; si vous voulez qu'elle dure toute l'éternité, j'y consens. Cette oraison, quoique pénible à la nature, vous sera toutefois plus avantageuse que ne l'auraient été les plus douces consolations.

Il ne faut pas non plus s'imaginer que les sécheresses soient toujours un châtiment de Dieu ; elles sont encore entre ses mains un instrument de miséricorde, dont il se sert pour purifier notre âme, et la maintenir dans l'humilité. Le Seigneur permit que le grand Apôtre fut tourmenté de tentations impures, de peur qu'il ne s'enorgueillit des dons sublimes qu'il avait reçus*. Il n'y a pas grand mérite à faire oraison quand on n'y éprouve que des délices : « Il y a, dit l'Ecclésiastique, un ami qui est le compagnon de la table, et il ne demeurera point au jour de la détresse.† »

---

* Et ne magnitudo revelationum extollat me, datus est mihi stimulus carnis meæ, angelus Satanæ qui me colaphizet. (2. Cor. 12, 7.)
† Est autem amicus socius mensæ, et non permanebit in die necessitatis. (Eccli. 6, 10.)

Le véritable ami n'est point celui qui se contente de partager nos plaisirs ; nous voulons qu'il partage aussi nos peines et nos disgrâces. Palladius éprouvait de grandes sécheresses dans l'oraison, il alla trouver saint Macaire qui lui dit : « Quand la pensée vous vient de quitter l'oraison, imposez-lui silence par cette réponse : Je resterai là pour l'amour de Jésus-Christ ; ne fût-ce que pour garder les murs de cette cellule. » Je suis là pour plaire à Dieu : c'est ce que nous devons nous dire, toutes les fois que nous sommes tentés d'abandonner l'oraison, sous prétexte que nous y perdons notre temps. Saint François de Sales disait que, quand nous ne ferions que repousser les distractions et les tentations, notre oraison n'en serait pas moins bien faite. Selon Taulère, celui qui persévère dans l'oraison, malgré les sécheresses qu'il y éprouve, reçoit une grâce plus abondante, que s'il eût fait une longue oraison avec les mouvements d'une dévotion tendre et sensible. Un grand serviteur de Dieu avait coutume de dire que depuis quarante ans qu'il s'appliquait à l'oraison, il n'y avait jamais éprouvé la moindre consolation ; mais qu'il se sentait plein d'ardeur pour la vertu, chaque jour qu'il y était fidèle : tandis qu'au contraire, s'il venait à y manquer, il était ce jour-là réduit à une telle faiblesse, qu'il était incapable de rien de bon. Saint Bonaventure et Gerson disent que bien des personnes, pour n'avoir pas le saint recueillement, après lequel elles ne cessent de soupirer, n'en servent que mieux le Seigneur ; parce qu'elles n'en sont que plus humbles et plus vigilantes : au lieu que, si tout allait à leur gré, s'imaginant peut-être avoir atteint la perfection, elles pourraient en concevoir de l'orgueil, et courraient risque de tomber dans le relâchement. Ce que nous venons de dire des sécheresses, peut encore s'appliquer aux tentations. Nous devons sans doute faire tous nos efforts pour repousser les tentations ; mais si Dieu veut, s'il permet que nous soyons tentés contre la foi, contre la chasteté ou toute autre vertu, ne nous laissons point aller à des plaintes inutiles, mais résignons-nous à sa volonté. St. Paul conjure le Seigneur de le délivrer d'une tentation impure, et le Seigneur lui répond : « Ma grâce te suffit.* » Si nous voyons que Dieu refuse de nous exaucer et de dissiper l'orage qui nous assaillit, disons alors : Faites, Seigneur, permettez tout ce qu'il vous plaira ; votre grâce me suffit : mais assistez-moi, de crainte que je ne la perde. Ce ne sont point les tentations qui nous font perdre

---

* Sufficit tibi gratia mea. (1. Cor. 12, 9.)

la grâce divine, mais le consentement qu'on y donne. Les tentations, si nous sommes fidèles à les repousser, nous maintiennent dans l'humilité, accroissent nos mérites, nous forcent de recourir plus souvent à Dieu ; et par là, elles nous tiennent plus éloignés du péché, et nous unissent davantage à son saint amour.

Enfin, nous devons nous conformer à la volonté de Dieu pour tout ce qui regarde notre mort, pour toutes les circonstances qui l'accompagneront. Sainte Gertrude, gravissant une colline escarpée, fit un faux pas, et tomba dans un précipice. Ses compagnes lui demandèrent ensuite si elle n'avait pas craint de mourir sans sacrements. Il est vrai, répondit la Sainte, que je désire beaucoup de recevoir les sacrements pour aller paraître devant Dieu ; mais je fais encore plus de cas de la volonté de Dieu ; parce que je tiens pour constant, que la meilleure disposition que l'on puisse avoir pour bien mourir, est de se soumettre aveuglément à tout ce que Dieu voudra ; c'est pourquoi je ne désire d'autre mort que celle qu'il plaira à mon Seigneur de m'envoyer. Saint Grégoire rapporte dans ses dialogues[*], que les Vandales ayant condamné un prêtre nommé Santolius, à perdre la vie, lui laissèrent toute-

---

[*] L. 3. c. 37.

le choix de sa mort. Le saint homme s'y refusa, et dit à ses meurtriers : Je suis entre les mains de Dieu, j'accepte le genre de mort qu'il permettra que vous me fassiez subir ; je n'en veux pas d'autre. Cet acte de résignation plut tellement au Seigneur, qu'il arrêta miraculeusement la main déjà levée pour lui trancher la tête ; et que ces barbares touchés d'un si éclatant prodige se déterminèrent à lui accorder la vie. Chaque fois donc que nous pensons à la mort, laissons au Seigneur le soin d'en régler les circonstances et demandons-lui uniquement qu'il nous sauve ; sûrs qu'il fera tout pour notre plus grand bien.

Pourquoi désirons-nous une longue vie ? Cette terre est-elle autre chose qu'une prison, dans laquelle nous sommes condamnés à souffrir, et où nous sommes continuellement en danger de nous perdre ? C'est ce qui faisait dire à David : « Seigneur, retirez mon âme de cette prison.* » Lorsque sainte Thérèse entendait sonner l'horloge, elle en tressaillait de joie, se félicitant qu'une heure fût passée, de cette misérable vie semée de tant d'écueils. Le Père Avila dit que quiconque se trouverait dans une disposition médiocre pour la vertu, devrait souhaiter plutôt la mort que la vie, à

---

* Educ de custodia animam meam. (Ps. 141, 8.)

cause du danger continuel où il serait de perdre la grâce. Y a-t-il rien de plus désirable, que d'être mis, par une bonne mort, dans l'impossibilité de perdre son Dieu ? Mais, dites-vous, je n'ai encore rien fait pour le ciel. Mais si c'est la volonté de Dieu que votre carrière s'achève aujourd'hui, prétendez-vous mieux faire par la suite, lorsque vous vivrez contre sa volonté ? Aurez-vous autant de chance pour une bonne mort que vous en avez maintenant ? Qui sait si vous ne renoncerez pas à vos bonnes résolutions, et si vous ne mourrez pas en réprouvé ? D'ailleurs, s'il ne vous arrive pis, toujours est-il que vous ne pouvez vivre sans vous rendre coupable au moins de péchés véniels. « Pourquoi donc, s'écrie saint Bernard, pourquoi désirer la vie, puisque plus nous vivons, plus nous augmentons la somme de nos iniquités ?* » Il est certain qu'un seul péché véniel déplaît plus à Dieu, que ne sauraient lui plaire toutes nos bonnes actions même les plus saintes.

J'ajoute que c'est faire preuve de bien peu d'amour pour Dieu, que de n'éprouver pour le Paradis que de faibles désirs. Celui qui aime, désire la présence de l'objet aimé : or,

---

* Cur vitam desideramus, in qua quanto amplius vivimus, tantu plus peccamus ? (Med. c. 8.)

nous ne pouvons voir Dieu, que nous ne quittions auparavant cette terre ; et voilà pour quoi tous les saints ont soupiré après la dissolution de leur corps, pour aller jouir plus tôt de la vue ineffable de leur bien-aimé Seigneur. « Que je meure pour vous voir,[*] » s'écriait Augustin dans les transports de son amour. « Je désire, disait le grand Apôtre, d'être dégagé des liens du corps, et d'être avec Jésus-Christ[†]. » C'était le vœu du saint roi David, lorsqu'il s'écriait : « Quand irai-je paraître devant Dieu ?[‡] » C'est, en un mot, celui de toutes les âmes éprises de l'amour divin. On lit dans un auteur, qu'un grand personnage, chassant dans une forêt, entendit la voix d'un homme qui chantait très-agréablement ; surpris de cela, il s'avance, et rencontre un pauvre lépreux, dont les chairs à demi rongées par la pourriture tombaient en lambeaux ; il lui demande si c'est lui qui chante de la sorte : C'est moi-même, répond le lépreux. Mais comment pouvez-vous chanter et vivre content, dans le pitoyable état où vous êtes ? Entre Dieu et moi, repartit le lépreux, il n'y a que cette mu-

---

[*] Eia moriar, ut te videam.
[†] Desiderium habens dissolvi, et esse cum Christo. (Philip. 1, 23.)
[‡] Quando veniam et apparebo ante faciem Dei ? (Ps. 43, 2.)

raille de boue, qui est mon corps ; cette séparation une fois ôtée, j'irai jouir librement de la vue de mon Sauveur ; et comme je vois que chaque jour cette muraille tombe en ruine, la joie que j'en éprouve me fait chanter*.

Ce n'est pas tout ; nous devons nous conformer à la volonté divine, et dans les biens de la grâce, et dans les biens de la gloire. Il est bon d'apprécier les choses de Dieu, mais nous devons mettre au-dessus de tout, l'accomplissement de sa volonté ; il est bon de souhaiter de l'aimer plus que les Séraphins, mais après cela nous devons nous contenter du degré d'amour que le Seigneur a résolu de nous départir. « Je ne crois pas, dit le Père Avila †, qu'il y ait jamais eu de saints si parfaits, qu'ils n'aient toujours désiré de le devenir davantage ; mais cela ne troublait pas néanmoins leur paix, parce que ce n'était point un désir qui partit d'une convoitise insatiable, mais un sentiment que le seul amour de Dieu leur inspirait. De sorte qu'ils ne laissaient pas de se contenter du partage qu'ils avaient reçu, et qu'ils se seraient même contentés de moins, si Dieu leur eût moins donné ; sachant que le véritable amour

---

* Flor. de Henriq. (L. 4. c. 68.)
† Audi, filia, c. 13.

consiste bien moins à désirer de grands dons, qu'à être satisfait de ce qu'on a. » Ainsi, faisons tout ce qui dépend de nous pour tâcher d'acquérir la perfection, de crainte que le relâchement et la tiédeur ne se glissent insensiblement dans notre esprit, sous prétexte que tout doit nous venir de Dieu, et qu'il n'est pas en notre pouvoir de rien faire davantage ; mais aussi, quand il nous arrive d'être infidèles à nos résolutions, il ne faut pas se plaindre et perdre courage : relevons-nous promptement, ayons du regret et de la confusion, demandons de nouvelles forces au Seigneur et poursuivons notre chemin. Pareillement, il est bon de souhaiter d'être agrégés dans le ciel au chœur des Séraphins, non pour notre propre avantage, mais afin de glorifier et d'aimer Dieu plus parfaitement ; toutefois, nous devons nous soumettre à sa sainte volonté, nous contentant du degré de gloire qu'il daignera nous assigner dans sa miséricorde.

Ce serait ensuite trop de présomption, que d'aspirer à une oraison surnaturelle, surtout aux extases, aux visions et aux révélations ; attendu que les maîtres de la vie spirituelle vont jusqu'à dire que les âmes favorisées de ces dons extraordinaires, doivent prier Dieu de les en priver, et de les conduire par la pure foi, qui est de toutes les voies la plus sûre.

Beaucoup de personnes sont arrivées à la perfection sans ces grâces surnaturelles : c'est par la pratique des vertus, et spécialement de la conformité à la volonté divine, qu'on acquiert la sainteté. Si Dieu ne veut pas nous élever à un degré sublime de perfection et de gloire, soumettons-nous humblement à son bon plaisir, et prions-le qu'au moins il nous sauve dans sa miséricorde. Ce sera même le moyen d'obtenir une ample récompense, de l'infinie bonté de ce tout aimable Seigneur, qui n'affectionne rien tant qu'une âme résignée.

Envisageons toutes choses comme procédant de la main de Dieu : dans toutes nos actions, ne nous proposons d'autre but que l'accomplissement de la volonté divine ; faisons-les uniquement parce que Dieu le veut. Et pour agir en cela avec plus de sécurité, abandonnons-nous aveuglément à la conduite de nos supérieurs et de nos directeurs ; fermement convaincus de la vérité de ces paroles de Jésus-Christ : « Qui vous écoute m'écoute.* » Surtout, ayons grand soin de suivre la voie, dans laquelle Dieu veut que nous le servions. Je dis cela, afin que nous évitions de tomber dans l'illusion de certaines personnes, qui perdent le temps à se repaître de ces idées chi-

---

* Qui vos audit, me audit. (Luc. 10, 16.)

mériques : Si je m'enfonçais dans un désert, si j'étais enfermé dans un cloître, ou que je fusse loin de cette maison, de ces parents, de cette compagnie, je me sanctifierais, je macérerais mon corps, je ferais de longues oraisons. Je ferais, je ferais, disent ces personnes ; et en supportant de mauvaise grâce cette croix que Dieu leur envoie, en ne marchant point dans la voie par où Dieu les appelle, elles ne se sanctifient point, et vont toujours de mal en pis. Ces vains désirs sont de pures tentations du démon, puisqu'ils ne sont point selon la volonté de Dieu ; c'est pourquoi il faut les repousser, et s'animer à servir le Seigneur dans la voie qu'il nous a choisie, En faisant la volonté de Dieu nous ne pouvons manquer de devenir des saints, dans quelque condition qu'il nous ait placés. N'ayons donc en toutes choses d'autre volonté que la sienne ; si nous y sommes fidèles, il nous serrera contre son cœur. Pour cela, rendons-nous familiers certains passages de l'Écriture, qui nous invitent à nous unir toujours de plus en plus à la volonté divine ; tels que ceux-ci : Mon Dieu, que voulez-vous que je fasse ?[*] Je ne suis plus à moi, j'appartiens uniquement à vous [†] ; faites

---

[*] Domine, quid me vis facere ? (Act. 9, 6.)
[†] Tuus sum ego, salvum me fac. (Ps. 118, 94.)

de moi tout ce qu'il vous plaira. S'il nous survient quelque adversité fâcheuse, la mort d'un parent, la perte de nos biens, ou autres semblables, disons toujours : Oui, mon Dieu, qu'il soit fait ainsi, puisque tel est votre bon plaisir*. Surtout, gravons bien profondément dans notre cœur, l'auguste prière que Jésus-Christ lui-même nous enseigna : « Que votre volonté soit faite sur la terre comme au ciel†. » Le Seigneur recommanda un jour à Ste. Catherine de Gênes, de s'arrêter tout spécialement sur ces mots, chaque fois qu'elle réciterait l'oraison dominicale, pour prier le Seigneur que sa sainte volonté s'accomplit en elle, avec la même perfection que les saints la font dans les cieux. Et nous aussi, faisons de même, et nous deviendrons assurément des saints.

---

* Ita, Pater : quoniam sic fuit placitum ante te. (Matth. 11, 26.)
† Fiat voluntas tua, sicut in cœlo et in terra. (Matth. 6, 10.)

SENTIMENTS DE CONFORMITÉ À LA VOLONTÉ DE DIEU

Mon Jésus, que votre sainte volonté soit faite. Chaque fois que je prononce ces mots, je prétends accepter, avec une pleine et entière résignation, tout ce qu'il vous a plu d'ordonner de moi pour le temps et pour l'éternité.

Je ne veux d'autre emploi, d'autre demeure, d'autre vêtement, d'autre nourriture, d'autre santé, d'autre fortune, d'autre talent que ceux que vous m'avez destinés. Si vous voulez que rien ne me réussisse, que mes projets soient déjoués, que je perde mes procès, qu'on m'enlève tout ce que je possède ; je le veux aussi.

Si vous voulez que je sois méprisé, haï, calomnié, maltraité de mes proches et de mes amis ; je le veux aussi.

Si vous voulez que je sois dénué de tout, exilé, renfermé dans un noir cachot, et que je vive dans des peines et des angoisses continuelles ; je le veux aussi.

Si vous voulez que, infirme, estropié, couvert de plaies, je sois relégué dans un lit, et abandonné de tout le monde ; je le veux aussi, et pour tout le temps qu'il vous plaira. Je remets ma vie entre vos mains, et j'accepte le genre de mort que vous me réservez. J'accepte aussi la mort de mes parents et de mes amis, et généralement tout ce que vous voulez.

Pour ce qui regarde mon avancement spirituel, je ne veux non plus que ce que vous voulez. Je désire vous aimer en cette vie de toutes mes forces, pour vous aimer ensuite dans le Paradis comme vous aiment les Séraphins : toutefois, je m'en remets entièrement à votre bon plaisir. Si vous ne voulez me donner qu'un seul degré d'amour, de grâce et de gloire, je n'en veux pas davantage, parce que vous le voulez ainsi. Je préfère l'accomplissement de votre volonté à mes intérêts quelconques. En un mot, mon Dieu, disposez de moi et de tout ce qui m'appartient, comme il vous plaira ; ne faites pas attention à ma volonté, car je ne veux que ce que vous voulez. Quelle que soit votre conduite à mon égard, qu'elle soit douce ou amère, qu'elle soit de mon goût ou non, je l'accepte et je l'agrée, parce qu'elle vient également de votre main.

J'accepte enfin, ô mon Jésus, et cela d'une manière spéciale, ma mort, avec toutes les peines, et toutes les circonstances qui doivent l'accompagner. Je les unis, ô mon Sauveur, à votre sainte mort, et je vous les offre en témoignage de l'amour que je vous porte. Je veux mourir pour vous plaire, et pour accomplir votre sainte volonté.

PRIÈRE POUR LA CONFORMITÉ À LA VOLONTÉ DE DIEU

Seigneur, me voici,
  faites de moi ce qu'il vous plaît.

Que toujours,
votre volonté soit faite ;
je ne veux que ce que vous voulez.
Je veux souffrir tout ce que vous voulez,
je veux mourir quand vous le voudrez.

Je remets entre vos mains mon corps et mon âme,
  ma vie et ma mort.

Soit que vous me consoliez,
soit que vous m'affligiez,
ô mon Dieu, je vous aime,
et je veux toujours vous aimer.

Ô Père éternel !
j'unis ma mort à celle de Jésus-Christ,
et je vous l'offre pour vous plaire.

Ô volonté de Dieu !
vous êtes mon amour.

Copyright © 2024 by Alicia ÉDITIONS

Traduction de 1835

Credits : www.canva.com ; Alicia Éditions

https://commons.wikimedia.org/wiki/File:AlphonsusLiguori.jpg

https://fr.wikipedia.org/wiki/Congr%C3%A9gation_du_Tr%C3%A8s_Saint_R%C3%A9dempteur#/media/Fichier:CSsR_Coat_of_arms.jpg

ISBN E-BOOK : 9782384555024

ISBN BROCHÉ : 9782384555031

Tous droits réservés.

Aucune partie de ce livre ne peut être reproduite sous quelque forme ou par quelque moyen électronique ou mécanique que ce soit, y compris les systèmes de stockage et de récupération de l'information, sans l'autorisation écrite de l'auteur, à l'exception de l'utilisation de brèves citations dans une critique de livre.

www.ingramcontent.com/pod-product-compliance
Lightning Source LLC
LaVergne TN
LVHW032014070526
838202LV00059B/6452